Torben Zimpel, Filiz Rude

Die Politik der Gesellschaft

GRIN Verlag

Bibliografische Information der Deutschen Nationalbibliothek:

Die Deutsche Bibliothek verzeichnet diese Publikation in der Deutschen National-
bibliografie; detaillierte bibliografische Daten sind im Internet über http://dnb.d-
nb.de/ abrufbar.

Impressum:

Copyright © 2006 GRIN Verlag GmbH
Druck und Bindung: Books on Demand GmbH, Norderstedt Germany
ISBN: 978-3-638-92575-4

Dieses Buch bei GRIN:

http://www.grin.com/de/e-book/64835/die-politik-der-gesellschaft

GRIN - Your knowledge has value

Der GRIN Verlag publiziert seit 1998 wissenschaftliche Arbeiten von Studenten, Hochschullehrern und anderen Akademikern als eBook und gedrucktes Buch. Die Verlagswebsite www.grin.com ist die ideale Plattform zur Veröffentlichung von Hausarbeiten, Abschlussarbeiten, wissenschaftlichen Aufsätzen, Dissertationen und Fachbüchern.

Besuchen Sie uns im Internet:

http://www.grin.com/

http://www.facebook.com/grincom

http://www.twitter.com/grin_com

Ausarbeitung von:
Torben Zimpel,
Universität Lüneburg
Wintersemester 2005/2006

Die Politik der Gesellschaft
Zum Buch von Niklas Luhmann

Im Seminar:

Die Gesellschaft und Ihre Funktionssysteme

Inhaltsverzeichnis

1.	EINLEITUNG	3
2.	WAS IST POLITIK?	4
3.	KOMMUNIKATION	6
4.	SYSTEMDIFFERENZIERUNG	7
4.1	Autopoiesis	9
5.	SOZIALE SYSTEME	11
6.	FAZIT	16
7.	LITERATURVERZEICHNIS	17

1. Einleitung

Ich möchte in dieser Ausarbeitung auf die wesentlichen Kernaspekte der Systemtheorie von Luhmann eingehen, welche ich mit Hilfe eines Mind-Maps verdeutlichen möchte. Luhmann beschäftigt sich in seinem Werk „Die Politik der Gesellschaft" besonders mit dem Medium der Kommunikation und stellt diese als die Basis von sozialen Systemen dar. Daraus hervor geht die „politische" Kommunikation, die besonders durch ihre Beschaffenheit der Macht als notwendiges Medium impliziert. Zu jedem System in der Systemtheorie gehört eine Operation, die die verschiedenen Systeme inhaltlich miteinander verknüpft. Dieses lässt sich im Kern besonders mit einem Mind-Map veranschaulichen. In den Kern dieses Mind-Maps möchte ich daher Luhmann mit seiner Systemtheorie stellen. In der er davon ausgeht, dass die Gesellschaft ein besonderer Typ eines sozialen Systems ist. Die Gesellschaft ist nämlich das soziale System, dass alle Kommunikationen einschließt, so dass es ohne Gesellschaft auch keine Kommunikation gibt.

Besonders in der Politik wird Kommunikation durch Machtstrukturen geregelt. Z.B. bei der Frage: Wer hat die Befugnis Entscheidungen zu treffen? Oder wer sagt was richtig und was falsch ist? Hierbei muss man sich erst einmal die Frage stellen, was Politik eigentlich ist und was diese an Vorraussetzungen braucht.

Des Weiteren, möchte ich auch der Frage nachgehen ob Luhmanns Theorie ein Indikator für Demokratie darstellt.

2.   Was ist Politik?

Wichtigster Bestandteil der Politik ist die Gesellschaft. Eine Gesellschaft ist eine Gruppe von Menschen, die eine ähnliche Weltanschauung hat. Faktoren wie Sprache, Rechtsauffassungen, Erziehungsziele, Religion und deren Geschichte prägen eine Gruppe von Menschen in einem Territorium, diese Gruppe bildet eine Gesellschaft.

Politik besteht immer dann, wenn eine Gruppe von Menschen zusammen auf einem begrenzten Raum lebt und gemeinsam eine gerechte Form von Ordnung anstrebt. Menschen können nicht ohne eine bestimmte Ordnung zusammenleben, denn ohne diese besteht Chaos.

1.   „Politik ist der Kampf um die rechte Ordnung" [1].

Damit eine Gemeinschaft, also eine Gruppe von Menschen, gesellschaftsfähig wird, muss sie sich überlegen, wie die einzelnen Probleme, die bei dem Zusammenleben entstehen, gelöst werden können.   Man braucht also Entscheidungen zu Fragen die anfallen. Entscheidungen werden bestehen aus der Operation der Kommunikation. Wenn jeder, der in einer Gesellschaft lebt, die Befugnis hätte diese Entscheidungen für sich selber zu treffen, wären wir wieder beim Ausgangspunkt, wir hätten Chaos. Also muss die Befugnis der Kommunikation oder besser gesagt, der Entscheidung reguliert werden.

2.   Politik ist der Versuch aus einer Gemeinschaft eine Gesellschaft zu machen.

Damit Meinungsverschiedenheiten vermieden werden und sich eine klare Regelung finden lässt, was ja Ordnung bedeutet, muss es also Gesetze geben, die für alle gelten und dem Gemeinwohl entsprechen. Zwangsläufig muss es in einer Gesellschaft die Möglichkeit geben, dass Probleme, die die Gesellschaft betreffen, gelöst werden können. Damit sichergestellt wird, dass die Probleme im Sinne der Gesellschaft gelöst werden, muss man über Lösungsvorschläge diskutieren und über sie abstimmen.

---

[1] Suhr/v d. Gablenz 1950/1965

3.   Eine Gesellschaft braucht Gesetze, Regeln und Normen.

Wenn ein Gesetz so diskutiert worden ist, dass es die Meinung der Mehrheit entspricht, wird dieses Gesetz durch die Mehrheit beschlossen. Damit das Gesetz eingehalten wird, benötigt man eine Gewalt.

4.   Politik benötigt Gewalt.

In großen Gesellschaftsformen ist es unmöglich, dass jeder über alle Gesetze und Regeln abstimmen (kommunizieren) kann. Machtanteile müssen also auf bestimmte Personen verteilt werden. Auf Personen, die besonders geeignet sind, um bestimmte Entscheidungen treffen zu können.

5.   Politik ist das Verteilen von Macht auf befugte Personen.

Politik ist, wenn man sich Gedanken macht wie man die Gesellschaft verändern kann und aktiv versucht, diese Gedanken zu kommunizieren, Politik ist inhaltliche Arbeit. Welche Mittel hierzu benötigt werden spielen zur Frage was Politik ist erst einmal keine Rolle. Sie spielen dann eine Rolle, wenn Entscheidungen wirksam werden sollen. Also was benötigt Politik?

Es hat also jeder Mensch, der in einer Gesellschaft lebt, die Möglichkeit politisch aktiv zu sein und dabei ist es egal, aus welcher sozialen Schicht er kommt und wie viel Einfluss, also Macht, er hat. Vorraussetzung hierfür ist auch nicht eine Demokratie, denn jeder, der seine politischen Gedanken kommuniziert, ist politisch aktiv.

Ich bin der Meinung, dass das Wesen der Politik aus der Philosophie kommt. Philosophie ist ja wenn man über Thesen, Utopien, Ideen usw. diskutiert, ohne sie in die Tat umsetzen zu wollen. Politik interessiert sich nun genau an den Theorien, die für die Gesellschaft umsetzbar sind. Diese können aber erst dann erkannt werden, indem man die Utopien als Utopien entlarvt. Dabei ist es nicht wichtig, ob man sich diese Theorien selber überlegt, so wie es vielleicht ein

Diktator machen würde, oder ob man sie wie in einer Demokratie gemeinsam kommuniziert. Politik ist also im ersten Schritt das kommunizieren von Theorien zur Veränderung der Gesellschaft und der zweite Schritt wäre diese durchsetzen zu wollen. D.h. das man im zweiten Schritt die Macht die man hat ausnutzt, um seine Theorie durchzusetzen. Wenn jemand jetzt so wenig Macht besitzt, dass er noch nicht einmal erhört wird, war er trotzdem politisch aktiv. Macht ist also etwas, was Politik auf jeden Fall benötigt, aber es ist nicht das Wesen der Politik, denn das ist das Streben nach einer verbindlichen Ordnung. Also besonders auf das „Streben" nach Ordnung und dem Inhalt der „Ordnung" kommt es bei der Frage auf "was ist Politik?", an.

3.   Kommunikation

Für Luhmann ist Kommunikation der notwendigste Bestandteil von sozialen Systemen. Die Politik ist für Luhmann ein System von vielen. Kommunikation ist

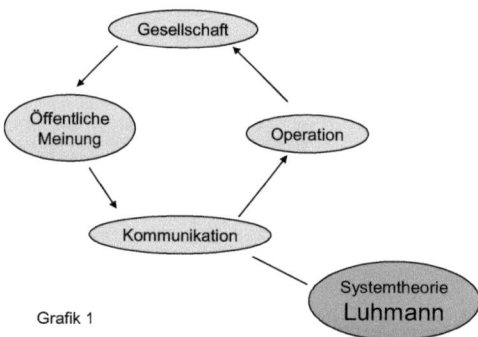

Grafik 1

der Ausgangs und Endpunkt jeder Operation. Kommunikation besteht aus der Synthese dreier Selektionen, Mitteilung, Informationen und dem Verstehen der Differenz zischen Information und Mitteilung. Mit anderen Worten, Kommunikation ist nur eine Information, wenn diese verstanden wurde. Wenn ich zum Beispiel zu einer Person sage, dass es sehr kalt draußen ist, sich diese aber nicht warm anzieht beim rausgehen, dann hat diese Person meine Information nicht verstanden.

In Grafik 1 wird gezeigt, dass Luhmann als erstes von der Kommunikation ausgeht, die durch die Operation mit der Gesellschaft und somit der öffentlichen Meinung ständig in Interaktion steht. Kommunikation findet so lange statt, bis eine Einigung gefunden wurde oder sich ein neues Problem darstellt. Nach Luhmann ist es die Kommunikation, die das soziale in einem System darstellt. *„Da jede einzelne Kommunikation ein Ereignis ohne Dauer ist, schafft die Kommunikation ständig neue Sinninhalte. Die Sequenz realisiert sich nur in einem Kommunikationsprozess, in dem jeder Kommunikation eine weitere*

6

Kommunikation folgt. (...) „Soziale Systeme realisieren keine andere Operation als Kommunikation. Da jede Kommunikation eine interne Operation eines sozialen Systems ist, gibt es keine Kommunikation zwischen den sozialen Systemen und ihrer Umwelt. Da ein soziales System Kommunikation durch Kommunikation produziert, ist es gegenüber der Umwelt geschlossen; es erhält keine Information aus der Umwelt.“[2]

Kommunikation ist also auch immer einer Operation und Operationen sind das Wesen von sozialen Systemen.

4. Systemdifferenzierung

Der Ausgangspunkt der Systemtheorie nach Luhmann ist die Systemdifferenzierung oder genauer gesagt, die Differenz, die aus der Umwelt kommt. Luhmann unterscheidet zwischen dem System und der Umwelt. „Unter der primären Differenzierung der Gesellschaft versteht man die Bildung von Teilsystemen und System und Umwelt.“[3] Das System ist in sich geschlossen und operiert durch Kommunikationen und die Umwelt ist alles andere was von außen kommt, aber selbst kein System. Die Umwelt beeinflusst also das System und diese wird als Differenz bezeichnet. Eine Differenz ist z.B. ein Problem oder eine Veränderung, die aus der Umwelt kommt und auf die das System reagieren muss.

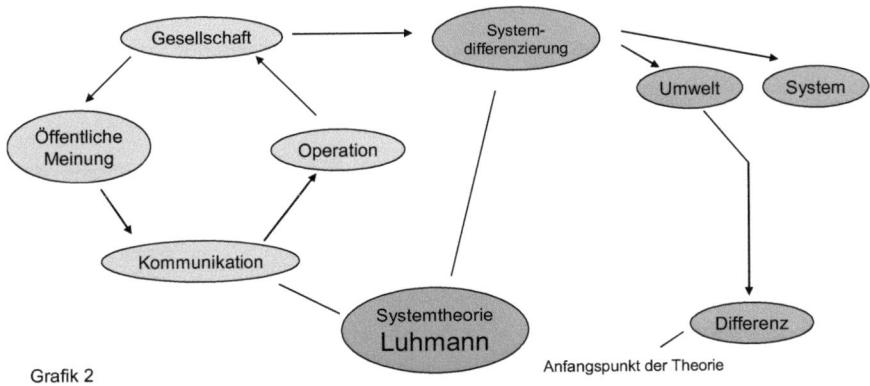

Grafik 2

---

[2] GLU, Glossar zu Niklas Luhmanns Theorie sozialer Systeme, Von Claudio Baraldi, Giancarlo Corsi, und Elena Esposito, Suhrkamp Verlag Frankfurt am Mein 1997, Seite 91.
[3] GLU, Glossar zu Niklas Luhmanns Theorie sozialer Systeme, Von Claudio Baraldi, Giancarlo Corsi, und Elena Esposito, Suhrkamp Verlag Frankfurt am Mein 1997, Seite 65.

Jedes System hat eine Umwelt ohne die es nicht existieren kann und jedes System hört da auf, wo es keine Operation mehr einsetzen kann. Die Umwelt schließt also alles ein, was nicht zum System gehört aber dennoch vorhanden ist und auf das System einwirkt. Das größte soziale System innerhalb einer Gesellschaft ist die Gesellschaft selbst. *„Die Gesellschaft ist ein besonderer Typ eines sozialen Systems. Sie ist dasjenige soziale System, das* **alle** *Kommunikationen einschließt: Es gibt also keine Kommunikation außerhalb der Gesellschaft. (…) Jede Differenzierung besonderer sozialer Systeme vollzieht sich in der Gesellschaft."[4]*

Es kann natürlich auch vorkommen, dass durch das Wirken eines sozialen Systems, sich dieses zu einem Untersystems von einem neuen größeren Systems macht. Dies ist abhängig von der Gesellschaft, die mit Hilfe von Operationen Einfluss auf das System nimmt. Wenn wir uns zum Beispiel die Bundesrepublik Deutschland als politisches System angucken, dann ist dieses das größte System, dass kleinere Systeme wie die einzelnen Bundesländer impliziert. Jedes Bundesland hat ein Parlament, das für seinen Bereich Entscheidungen zur gemeinsamen Ordnung trifft, indem die einzelnen Akteure (Politiker) kommunizieren und Entscheidungen treffen. Auch die Länderparlamente werden wieder in Bezirksparlamente untergliedert, denen wieder ganz besondere Entscheidungsbefugnisse zustehen. Am Beispiel der Bundesrepublik Deutschland lässt sich nun gut zeigen, dass ein System sich selbst zu einem Untersystem machen kann. Mit dem Prozess der Europäisierung macht sich der deutsche Bundestag zu einem Unterparlament der Europäischen Union, den er selber beschlossen hat.

Des weiteren reagieren noch andere Untersysteme mit einander wie z.B. das soziale System mit dem politischen System, dem Wirtschaftssystem, dem Wissenschaftssystem, dem Erziehungssystem, dem Rechtssystem, dem Kunstsystem usw. *„Die Differenzierungsformen unterscheiden sich je nachdem, wie die Grenzen zwischen den Teilsystemen und ihren Umwelten innerhalb der Gesellschaft gezogen werden. Sie ergeben sich aus der Kombination zweier Differenzen: (a) der Differenz System/Umwelt; (b) der Differenz*

---

[4] GLU, Glossar zu Niklas Luhmanns Theorie sozialer Systeme, Von Claudio Baraldi, Giancarlo Corsi, und Elena Esposito, Suhrkamp Verlag Frankfurt am Mein 1997, Seite

Gleichheit/Ungleichheit in Bezug auf die Verhältnisse der Teilsysteme zueinander."[5]

Entscheidend ist hierbei, dass ein System in sich immer geschlossen ist und nicht direkt auf ein anderes wirken kann. Dies tut es immer nur über die Umwelt. Wenn wir uns zum Beispiel unseren menschlichen Körper als System vorstellen, dann besteht ein ähnlicher Fall, denn unser Körper ist ein geschlossenes System, dass durch die Umwelt beeinflusst wird. Werden wir krank, dann haben wir uns vermutlich einen Virus über die Umwelt eingefangen, der jetzt in unserem System eine Differenz darstellt und bekämpft werden muss. Hierbei kann uns ein anderer menschlicher Körper, also ein anderes System nur über die Umwelt behilflich sein, aber nicht direkt. Dieser andere Körper kann uns zum Beispiel nicht sein Immunsystem ausleihen (was direkte Hilfe meint), sondern es kann uns höchstens über die Umwelt Medikamente oder ähnliches zukommen lassen. Entscheidend ist also wie in Grafik 2 dargestellt, dass der Ausgangspunkt für politisches Handeln die Differenz ist, die aus der Umwelt kommt.

4.1 Autopoiesis

Der Begriff Autopoiesis kommt aus der Biologie und beschreibt einen biologischen Organismus. Die besondere Eigenschaft des Organismus ist, dass er sich selber regeneriert. Fehlen zum Beispiel bestimmte Zellen, so stellt der Organismus mit Hilfe seiner Organe diese wieder her. Dabei ist entscheidend, dass nur dieser Organismus die notwendigen Aktionen durchführen kann. Ein fremder Körper kann nicht direkt in Funktionssysteme eines Organismus oder biologischen Systems eingreifen.

Luhmann überträgt diesen Begriff der „Autopoiesis" in die Soziologie und beschreibt damit die Eigenschaft sozialer Systeme, die ebenfalls nur sich selber durch Kommunikation verwalten und von einem fremden System nur über die Umwelt, aber nicht direkt beeinflusst werden können. Wenn wir uns zum Beispiel zwei Menschen vorstellen, die jeweils ein System darstellen und der eine krank ist, dann kann der zweite menschliche Körper nicht seine Organe einsetzen um den kranken Körper zu helfen. Der gesunde Körper hat nur die Möglichkeit über

---

[5] GLU, Glossar zu Niklas Luhmanns Theorie sozialer Systeme, Von Claudio Baraldi, Giancarlo Corsi, und Elena Esposito, Suhrkamp Verlag Frankfurt am Mein 1997, Seite 65.

die Umwelt Einfluss auf den kranken Körper zu nehmen, z.B. in dem er Medikamente dem kranken Körper verabreicht.

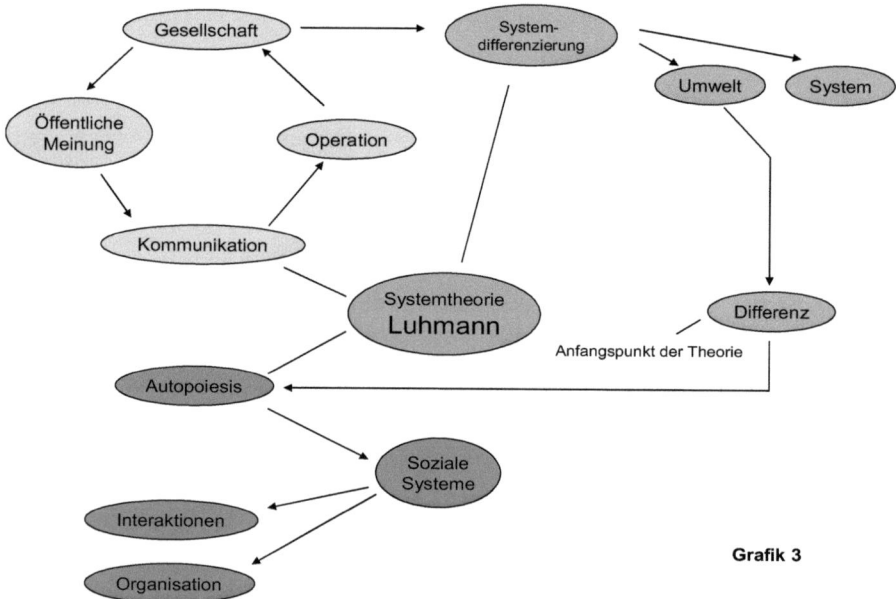

Grafik 3

Nach Luhmann wären die Medikamente dann eine Differenz, die aus der Umwelt kommt und Einfluss auf das System nimmt.

5. Soziale Systeme

Neben dem sozialen System gibt es noch das biologische und das psychische System. Wichtig ist hierbei, dass der Mensch selber kein System darstellt.

„Der Mensch mag für sich selbst und für Beobachter als Einheit erscheinen, aber er ist kein System. Erst recht kann aus einer Mehrheit von Menschen kein System gebildet werden."[6] Das hat keinen menschenfeindlichen Hintergrund, sondern nach Luhmann ist das Soziale in einem System die Kommunikation, also die Operationen zwischen den einzelnen Gliedern. Genauer gesagt ist Kommunikation das was soziale Systeme ausmacht, also wenn nicht kommuniziert wird, dann besteht auch kein soziales System. Nach Luhmann ist unter „sozial" auch nicht der moralisch-soziale Aspekt zu verstehen, der oft unter sozial verstanden wird, sondern das Soziale beschreibt, dass eine Operation in Form von Kommunikation stattfindet. Wir können also festhalten, sozial bedeutet in diesem Kontext Kommunikation, aber Kommunikation ist nicht gleich eine Information. Kommunikation meint mehr, denn von Kommunikation kann nur gesprochen werden, wenn eine Information verstanden wurde und dadurch eine Operation oder Interaktion ausgelöst worden ist. Wenn ich also z.B. ein Auto verleihe und dem Leiher die Information mitteile: „der Tank ist leer", dieser darauf hin aber nicht tanken fährt, dann hat er die Information nicht verstanden oder besser gesagt, es hat keine Kommunikation stattgefunden.

Soziale Systeme gibt es viele in unserer Gesellschaft, wobei das Größte die Gesellschaft selbst ist. Immer dann, wenn Kommunikation stattfindet, haben wir es mit einem sozialen System zu tun und dabei ist die Größe oder deren Zusammensetzung völlig uninteressant. Die Dachdecker auf dem Dach gegenüber oder eine Fußballmannschaft können ein soziales System darstellen, wenn Kommunikation stattfindet. Wichtig ist hierbei, wie bereits angesprochen, die Kommunikation und nicht der Mensch. *„Nicht Menschen kommunizieren, nur die Kommunikation kann kommunizieren."*[7]

---

[6] Luhmann leicht gemacht, Margot Berghaus, Eine Einführung in die Systemtheorie, Köln 2003, Böhlau Verlag, Seite 32.
[7] Luhmann leicht gemacht, Margot Berghaus, Eine Einführung in die Systemtheorie, Köln 2003, Böhlau Verlag, Seite 59.

Das soziale System ist also der Kern Luhmanns Theorie und um auf das Mind Map zurück zu kommen, sind nach Luhmann soziale Systeme automatisch autopoietisch.

"Ein soziales System kommt zustande, wenn immer ein autopoietischer Kommunikationszusammenhang entsteht und sich durch Einschränkung der geeigneten Kommunikation gegen eine Umwelt abgrenzt. Soziale Systeme bestehen demnach nicht aus Menschen, auch nicht aus Handlungen, sondern aus Kommunikationen"[8]

Besonders im politischen Bereich gibt es viele notwendige soziale Systeme, die bei kleinen Organisationen anfangen und beim Bundestag aufhören oder um genauer zu sein beim Europäischen Parlament, denn Politik hat ja den Auftrag Gesetze für die Gesellschaft zu formulieren, die für alle verbindlich sind. Die wohl wichtigsten sozialen Systeme mit Bezug zur Politik der Gesellschaft sind die Parlamente, denn sie basieren auf einem Regelwerk, dass Kommunikation voraussetzt um Entscheidungen treffen zu können, die für alle verbindlich sind. Doch um zu so einer Entscheidung oder besser gesagt um zu so einem Gesetz zu gelangen durchläuft ein politisches Problem das Luhmann als die „Differenz" bezeichnen würde viele verschieden soziale Systeme, die alle durch Operationen mit einander interagieren. Des weiteren haben die politischen Systeme die Eigenschaft, dass politische Theorien sich nicht nur mit der Gesellschaft beschäftigen, sondern sie wirken auch in ihr. *„Politische Theorien „handeln nicht nur von Gesellschaften, sie wirken auch in ihnen, sie sind themselves part of politics*[9]

Nehmen wir uns zum Beispiel mal das Einwanderungsgesetz, das seit geraumer Zeit in der engeren politischen Diskussion war oder besser gesagt der Entwurf zu diesem Gesetz. Dieser Gesetzesentwurf wurde in dem Moment politisch, als er sich als Differenz in unserer Gesellschaft deutlich gemacht hat. Differenz meint

---

[8] Wikipedia: http://de.wikipedia.org/wiki/Autopoiesis

[9] Niklas Luhmanns Theorie der Politik, Eine Abklärung der Staatsgesellschaft, Stefan Lange, Westdeutscher Verlag, Göttingen 2003, S. 24 - 25. Es handelt sich um ein Zitat von: Greven 1999, a.a.O., S. 21 sowie Sabine, George H., 1963: A History of Political Theory, 3. revised and enlarged ed. London: Harrap, S.V.

also den Moment, als Bürger die Einwanderung in die Bundesrepublik Deutschland als Problem empfunden haben. Die Einwanderung wurde in dem Moment eine Differenz als die Gesellschaft begann, dieses als Problem wahr zu nehmen, denn genau in diesem Moment begann die notwendige Kommunikation. Anhand dieses Beispiels wird deutlich, dass Politik aus sehr vielen sozialen Systemen besteht, die ständig miteinander interagieren und sogar abhängig von einander sind. Das erste System, dass in Kontakt mit dieser Differenz gekommen ist, ist möglicherweise die Gesellschaft selbst oder es waren die Medien oder ein Politiker, der dieses Thema nutzen wollte, um sich zu präsentieren. Möglich ist auch, dass dieser Gesetzesentwurf notwendig wurde, weil es in Verbindung mit einem früheren Gesetz steht, dass sich nun durch Evaluation als unzureichend herausgestellt hat o.ä. Entscheidend ist, dass wir uns bei der Politik der Gesellschaft daran erinnern, was Politik braucht, denn hier wird deutlich, das Politik auch immer Macht bedeutet und auch das bei sozialen Systemen der Begriff „sozial" nicht moralisch sozial bedeutet, sondern Kommunikation. Hat ein Problem der Gesellschaft den Politikapparat erreicht, wird es je nach Stärke der Differenz weiterwandern, d.h. es spielt in der politischen Diskussion auch immer eine Rolle, ob eine Differenz ein wirkliches Problem ist oder ob es nur zu einem gemacht wird, um möglicherweise andere Interessen zu verfolgen. Mit anderen Worten, wenn wir von Politik sprechen, dann sprechen wir auch immer von Macht, egal ob sie positiv oder negativ eingesetzt wird.

Wenn man das Mind-Map anhand des Beispiels des Einwanderungsgesetzes einmal durchläuft, zeigt sich wie viele soziale Systeme in der politischen Gesetzgebung eingebunden sind. Wie in Grafik 3 zu sehen ist, beginnt die Theorie von Luhmann mit der Differenz, die aus der Umwelt kommt und sich in diesem Beispiel als die Diskussion um das Einwanderungsgesetz darstellt. Die Differenz trifft also immer auf ein autopoistisches System in dem kommuniziert wird, dass kann die Gesellschaft selbst, die Medien oder ein politisches Gremium sein. Der entscheidende Unterschied bei diesen unterschiedlichen sozialen System ist der, dass nur politische Systeme sich selbst Regeln auferlegen, nach denen die Kommunikation stattfinden muss und sie letztendlich auch die Kompetenz haben, ein für alle verbindliches Gesetz zu erstellen. Wird nun das Thema Einwanderung von der Politik aufgenommen, dann sind es genau diese

Regeln der Kommunikation in der Politik die entscheiden, welches politische Gremium sich genau mit dem Problem auseinandersetzen muss.

Wir können also festhalten:

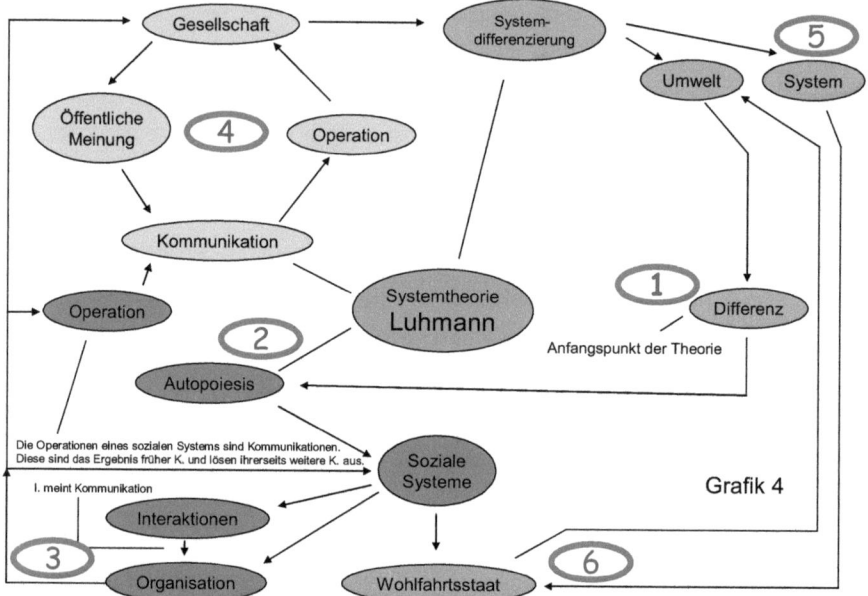

Grafik 4

1. Als erstes ist die Differenz entstanden, die in diesem Beispiel das Einwanderungsgesetz ist.

2. Diese Differenz trifft auf ein autopoistisches, soziales System, welches in politischen Fragen meistens eine oder mehrere Parteien sind.

3. Es finden also Interaktionen mit Organisationen statt wie der Partei. Die Parteien machen in der Regel erst einmal eine eigene Meinungsfindung, in der sie entscheiden wie oder ob sie sich zu dem Thema verhalten wollen. Entscheidet sich die Partei dazu, dass das Problem nicht politisch angefasst werden sollte, dann geht diese Entscheidung von der Organisation wieder zu den sozialen System (siehe Grafik 4) und hat dann schon das System beeinflusst, obwohl die Partei beschlossen hat, sich nicht zu äußern, aber das System hat bereits wahrgenommen, dass diese Partei das Einwanderungsgesetz nicht als Problem sieht.

Entscheidet sich die Partei dazu dieses Problem politisch zu bearbeiten, dann muss ein Konzept erarbeitet werden wie sich die Partei die Lösung vorstellt. Diese wird dann in dem entsprechendem politischen Gremium beraten. In diesem Fall wäre das der Bundestag. Hierbei werden sich die Politiker im Innenausschuss der Bundestages, welcher ja für Einwanderungsfragen zuständig ist, diesem Thema widmen.

Natürlich ist auch der Innenausschuss als ein autopiesisches, soziales System zu betrachten, der wie in Abb. 4 zu sehen ist, beginnt er über das Thema zu kommunizieren. Dabei findet die Operation Kommunikation ständig statt. Fachleute interagieren mit den Abgeordneten, die ja die Repräsentanten der Gesellschaft sind, aber auch mit den Medien, den Vereinen usw.

4. Nun befindet sich unsere Differenz in dem, nach Luhmanns Theorie, entscheidendem Kreislauf, denn im Parlament findet ständig die Interaktion mit der Gesellschaf und somit der öffentlichen Meinung statt. Dieser Prozess läuft so lange, bis der Bundestag eine Entscheidung trifft und damit das Einwanderungsproblem mit einem Gesetz geregelt wird.

5. Letztendlich haben wir ein neues erweitertes System, dass nun auf die Einwanderungsproblematik reagieren kann und diese nicht mehr als Differenz wahrnimmt.

6. Der Begriff Wohlfahrtsstaat, der aus dem englischen „wellfare state" kommt, ist im eigentlichen Sinne ein anderes Wort für „Sozialstaat". Der Wohlfahrtsstaat zeichnet sich dadurch aus, dass er durch seine Gesetzgebung ein gewisses Gemeinwohl vorschreibt. Das Problem des Wohlfahrtsstaates ist ein rein politisch erzeugtes, es kann nur auf Kosten der Finanzen gelöst werden. *„(...)Staat wird zum Zentrum der Universalisierung von Politik. Man dokumentiert guten Willen und Bekenntnis zu „Werten" (...) Alles in allem gleicht der „Wohlfahrtsstaat" einer Kuh, die man versucht aufzublasen, um mehr Milch zu bekommen."*[10] Nach Luhmann geht es im Wohlfahrtsstaat nicht mehr nur um Sozialhilfe, sondern um allgemeine Verantwortung der Politik für das Wohlergehen der

---

[10] Niklas Luhmann, Die Politik der Gesellschaft, Suhrkamp Taschenbuch, Herausgegeben von André Kieserling, Frankfurt am Main 2002, Seite 215.

Gesamtbevölkerung. In Grafik 4 unter Punkt 6 bedeutet der Wohlfahrtsstaat also die soziale Gesellschaft als solches oder mit anderen Worten, der Wohlfahrtsstaat ist unser gesamtes soziales System. Jede Veränderung im Wohlfahrtsstaat reagiert wieder auf die Umwelt. Bei unserem Einwanderungsgesetz bedeutet dies nun, dass sich die Gesetzgebung mit Bezug auf das Soziale verändert hat, denn mit dem Einwanderungsgesetz wurden ja die Rechte der ausländischen Mitbewohner verändert und diese Veränderung interagiert mit der Umwelt, so dass sich der Kreislauf in unserem Mind-Map schließt.

6.   Fazit

Besonders interessant finde ich anhand Luhmanns Systemtheorie, dass man sie als Indikator für die Demokratiekompetenz einer Gesellschaft nutzen kann, denn wenn man Kommunikation als Schlüssel für das „Soziale" in sozialen Systemen nimmt, dann können soziale Systeme nur in demokratischen Gesellschaften vorkommen. Findet nur wenig oder keine Kommunikation im Gesetzgebungs- oder Entscheidungsprozess statt, dann ist die Wahrscheinlichkeit doch recht groß, dass es sich eher um eine Diktatur als um eine Demokratie handelt.

Damit ist die Frage, ob soziale Systeme der Kern der Demokratie sind, durchaus positiv zu beantworten.

Allerdings ist Luhmanns Systemtheorie für politologische Zwecke weniger geeignet, denn Luhmanns Theorie macht deutlich, dass Kommunikation stattfinden muss, beschreibt aber nicht deren Policy[11]. Somit kann mit Hilfe Luhmanns keine Evaluation angewendet werden. Ferner bietet Luhmanns Theorie auch keinen Lösungsansatz um Kommunikation in sozialen Systemen zu fördern, sondern beschreibt lediglich den Zustand. Zusammengefasst hat Luhmann mit seiner Theorie deutlich gemacht, was genau das Soziale in unserer Gesellschaft ausmacht und was für den Wohlfahrtstaat tatsächlich notwendig ist.

---

[11] Engl. Policy kommt aus der Politologie und beschreibt den Teil der Politik der sich mit dem politischen Inhalt beschäftigt. Neben dem Begriff Policy, wird die Politik noch in Polity und Politics unterteilt.

7. Literaturverzeichnis

- Claudio Baraldi, Giancarlo Corsi und Elena Esposito, GLU Glossar zu Niklas Luhmanns Theorie sozialer Systeme, Suhrkamp Taschenbuch wissenschaft.

- Gunter Runkel, Günter Burkart, Funktionssysteme der Gesellschaft, Beiträge zur Systemtheorie von Niklas Luhmann, VS Verlag für Sozialwissenschaften, Wiesbaden 2005.

- Kai-Uwe Hellmann und Rainer Schmalz-Bruns, Theorie der Politik Niklas Luhmanns politische Soziologie, Suhrkamp Taschenbuch, Frankfurt am Main 2002.

- Niklas Luhmann, Die Politik der Gesellschaft, Suhrkamp Taschenbuch, Erste Auflagen 2002, Frankfurt am Main 2000.

- Stefan Lange ‚Niklas Luhmanns Theorie der Politik, Eine Abklärung der Staatsgesellschaft, Westdeutscher Verlag, Göttingen 2003.

- Margot Berghaus, Luhmann leicht gemacht, Eine Einführung in die Systemtheorie, Böhlau Verlag Köln Weimar Wien 2003.

- Wikipedia, Lexikon im Internet, www.wikipedia.de